L'UNIVERS
FABULEUX
DE
Will Ghündee

Catalogage avant publication de Bibliothèque et Archives
nationales du Québec et Bibliothèque et Archives Canada

Lymburner, Louis

  L'univers fabuleux de Will Ghündee

  Pour les jeunes.

  ISBN 978-2-89435-484-1

  1. Lymburner, Louis. Will Ghündee - Ouvrages pour la
jeunesse. 2. Lymburner, Louis - Personnages - Ouvrages
pour la jeunesse. 3. Bestiaires - Ouvrages pour la jeunesse. I.
Laverdière, B. (Benoît). II. Titre.

PS8623.Y42W543 2010   jC843'.6   C2010-941899-9
PS9623.Y42W543 2010

Directeur de collection: Guy Permingeat
Illustrations: Les illustrations sont de Benoît Laverdière mis à part
celles de la couverture et des pages 3, 7 et 9 qui sont de Boris Stoilov.
Conception de la couverture et infographie:
        Marie-Ève Boisvert, Éditions Michel Quintin

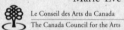 Le Conseil des Arts du Canada / The Canada Council for the Arts SODEC Québec Patrimoine canadien / Canadian Heritage

La publication de cet ouvrage a été réalisée grâce au soutien
financier du Conseil des Arts du Canada et de la SODEC.

De plus, les Éditions Michel Quintin reconnaissent l'aide
financière du gouvernement du Canada par l'entremise du
Fonds du livre du Canada pour leurs activités d'édition.

Gouvernement du Québec – Programme de crédit d'impôt
pour l'édition de livres – Gestion SODEC

ISBN 978-2-89435-484-1

Dépôt légal – Bibliothèque et Archives nationales du Québec, 2010
Dépôt légal – Bibliothèque et Archives Canada, 2010

Éditions Michel Quintin
C.P. 340, Waterloo (Québec)
Canada J0E 2N0
Tél.:   450 539-3774
Téléc.: 450 539-4905
editionsmichelquintin.ca

10 - GA - 1
Imprimé au Canada

L'UNIVERS
FABULEUX
DE
Will Ghündee

Auteur : Louis Lymburner
Illustrateur : Benoît Laverdière

ÉDITIONS
MICHEL
QUINTIN

Mot de l'auteur

Lorsque, par une froide journée de l'hiver 2001, je décidai de relever le défi lancé par mon fils à la sortie du film *Le Seigneur des anneaux*, je ne me doutais pas que cette gageure allait me mener aussi loin.

Neuf ans et six livres plus tard, les aventures de Will Ghündee, le héros au grand cœur, ont fait la joie de nombreux lecteurs. Au-delà des textes, les illustrations à la fin de chaque volume ont séduit les fans de Will et permis de rendre par le dessin ce que les mots ne pouvaient traduire. Dans le présent ouvrage vous retrouverez donc, par ordre chronologique de parution, la plupart des personnages, créatures ou artéfacts qui n'ont jamais été représentés, ainsi qu'une reprise de ceux qui vous ont ému, fait rire ou encore frissonner.

À commencer par Arouk, le Taskoual porte-bonheur — que l'on m'a si souvent reproché d'avoir fait mourir prématurément —, en passant par Kiko, le macaque rieur, et Kündo, l'enfant estropié, tous ces personnages, bons ou méchants, beaux ou laids, ont eu le mérite de donner vie au récit, de l'enrichir.

C'est donc avec fierté que je vous souhaite un agréable voyage visuel dans cet univers créé pour votre plus grand divertissement et mis en images par un illustrateur de talent. Puissiez-vous vous laisser transporter, tout comme ce fut le cas pour moi, dans ce monde fabuleux, qui pourrait être plus près du nôtre qu'on ne le croit. Et qui sait, peut-être nous y rencontrerons-nous un jour...

Louis Lymburner

Will Ghündee

Will Ghündee: Will est un jeune homme fort et courageux. Il aime à penser qu'une bonne étoile veille sur lui. Depuis son plus jeune âge, il est doté d'une force exceptionnelle qui lui donne, à treize ans déjà, la stature d'un bûcheron. Certains événements malheureux, dans son passé, ont fait de lui un garçon déterminé. C'est avec courage et volonté qu'il affronte les obstacles qui se dressent sur son chemin. L'amitié et la loyauté sont des valeurs importantes pour Will. D'ailleurs il n'hésite jamais à aider un ami dans le besoin, et ce, même au péril de sa propre vie!

Tome 1

Arouk le Taskoual

Arouk le Taskoual: Petit animal porte-bonheur. Sa fourrure épaisse, et d'un blanc très pur, est teintée de reflets or. Il se nourrit essentiellement de fruits et d'herbes sauvages. Il a le don de la parole. Il est conscient et peut lire dans les pensées. Voir Gaël.

Aurora

Aurora: C'est la déesse de la lumière. Le pendant féminin du Grand Esprit. Tout ce qui est ténébreux craint sa présence et fuit à son arrivée. D'allure jeune, la déesse est d'une beauté indescriptible. Ses cheveux, d'un blanc lumineux, et son visage angélique annoncent un être d'une grande sagesse et d'une infinie bonté. Celui qui porte sa pierre attire sur lui chance et protection.

Couverture koudish

Couverture koudish: Couverture magique, confectionnée par les ouvrières koudishs. Elle a été imprégnée des pouvoirs du chef Kiröd et possède la particularité de faire apparaître des pièces d'or lorsque l'on frotte son emblème doré.

Drods

Drods: Anciens Noctarius transformés. Ils ont des dards dorsaux très pointus le long de la colonne vertébrale et une queue terminée par une grosse excroissance en forme de boule, garnie de petites pointes acérées. Avec leur dentition redoutable et leurs longues cornes frontales, une grande et une petite, ils sont capables de terrasser n'importe quel adversaire. Ce sont des carnivores impitoyables.

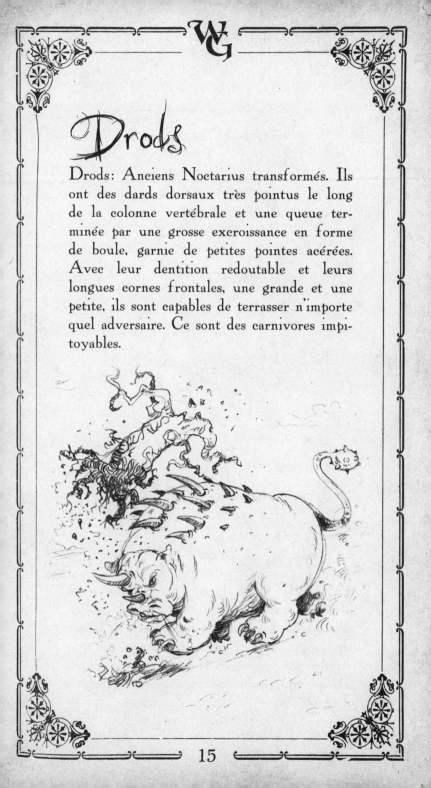

Gamek le Bigoual,
dit « le brave »

Gamek le Bigoual, dit «le brave»: Les
Bigouals sont de grands singes au pelage d'un
blond très clair et aux yeux rouge vif. Dotés
de longs bras, ce sont des grimpeurs très
habiles pour voyager d'un «amura» à l'autre.
Ils se nourrissent de figues et de feuilles
d'amura.

Golek, chef des Bigouals

Golek, chef des Bigouals: Contrairement à ses congénères qui arborent un pelage blond très pâle, ce chef de clan affiche une fourrure d'un rouge flamboyant teinté de bleu et de jaune sur les bras. Plus grand et coloré que ses semblables, il impose le respect. Père de Gamek, Golek dirige ses sujets avec fermeté et droiture.

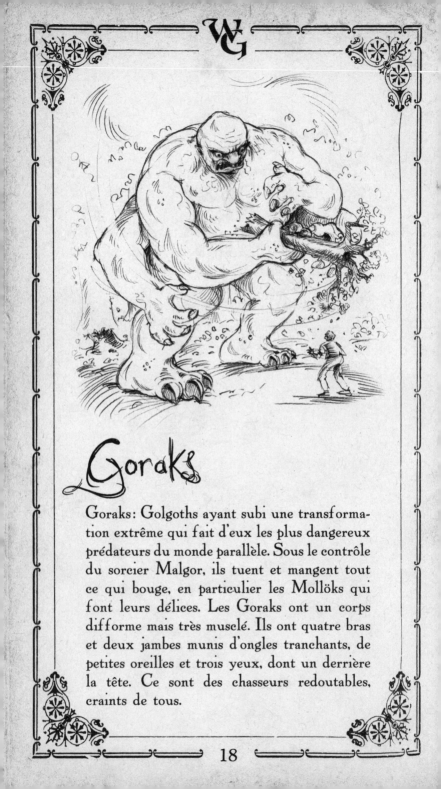

Goraks

Goraks: Golgoths ayant subi une transformation extrême qui fait d'eux les plus dangereux prédateurs du monde parallèle. Sous le contrôle du sorcier Malgor, ils tuent et mangent tout ce qui bouge, en particulier les Mollöks qui font leurs délices. Les Goraks ont un corps difforme mais très musclé. Ils ont quatre bras et deux jambes munis d'ongles tranchants, de petites oreilles et trois yeux, dont un derrière la tête. Ce sont des chasseurs redoutables, craints de tous.

Gormad le Noctarius

Gormad le Noctarius: Les Noctarius, pacifiques bêtes à bosses du genre rhinocéros,
se nourrissaient surtout la nuit. Elles affec-
tionnaient certaines herbes sauvages et se
déplaçaient en groupe. Mis à part Gormad
qui a été transformé en Drod, l'espèce serait
pratiquement disparue. Les Noctarius pos-
sédaient une longue corne frontale et deux
grosses bosses sur le dos.

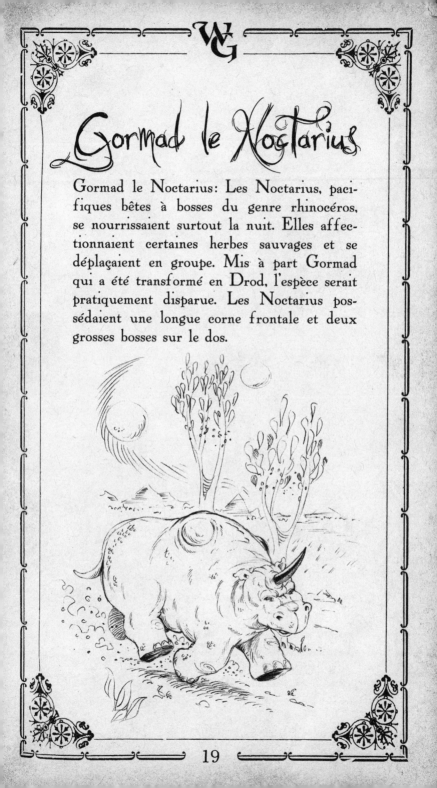

Gorzoc le Zélotte

Gorzoc le Zélotte: Bras droit de Jorsak et
son digne successeur. Gorzoc, qui ne manque
pas de courage, n'hésite jamais à se porter
volontaire en cas de besoin. Il s'est vite lié
d'amitié avec Will qu'il admire pour son
courage et son altruisme.

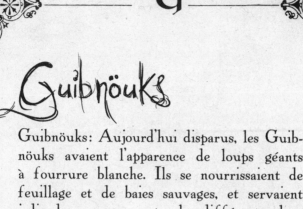

Guibnöuks

Guibnöuks: Aujourd'hui disparus, les Guibnöuks avaient l'apparence de loups géants
à fourrure blanche. Ils se nourrissaient de
feuillage et de baies sauvages, et servaient
jadis de messagers entre les différents clans
amis, car ils pouvaient parcourir de grandes
distances, à une vitesse incroyable, sans se
fatiguer. C'étaient de pacifiques végétariens
aimant rendre service aux autres habitants du
monde parallèle.

Guizmans

Guizmans: Mélange de gorilles géants et de
yétis, ces créatures sont capables de se tenir
debout sur leurs pattes arrière. Leur épaisse
fourrure grisâtre est teintée de reflets noirs.
Végétariens à l'origine, ils sont devenus carnivores par la suite. Ils ont été éliminés par le
Grand Esprit quand ils se sont mis à tuer et
à dévorer les autres créatures pacifiques, plus
particulièrement les Bigouals et les Zélottes.
On ne sait trop comment, ils ont réapparu
depuis.

Huzak

Huzak: Curieux mélange de hibou et d'aigle royal, il est doté d'une vue très puissante et a le pouvoir de détecter le danger à distance. Sa sagesse et ses conseils sont appréciés de tous les habitants du monde parallèle, qui lui vouent un immense respect. À ce jour, il est le seul de sa race que les habitants du monde parallèle connaissent. C'est pourquoi il est perçu un peu comme le messager du Grand Esprit.

Jawäd,
chef des Amiks

Jawäd, chef des Amiks: Les Amiks sont
des hommes de petite taille aux mains et aux
pieds palmés. Ils ont pour particularité de
n'avoir aucun poil sur le corps, mais, sur le
crâne, une rangée de petites bosses qui vont
du front jusqu'à la base de la nuque. Ce sont
des êtres pacifiques qui possèdent le don de
voyance. Ils se nourrissent essentiellement
de poissons, de fruits et de plantes sauvages.

Jorzak,

chef des Zélottes

Jorzak, chef des Zélottes: Les Zélottes sont des créatures qui ont l'apparence de petits loups-garous, pourvues de longs bras qui traînent presque jusqu'au sol et possédant une fourrure brune bien fournie. Ils sont dotés de puissantes griffes et d'une dentition assez développée. Toutefois, ce sont de pacifiques mangeurs de poissons. Les Zélottes creusent des terriers et vivent sous terre. Ils manient la fronde avec une adresse remarquable.

Kiröd le sage

Kiröd le sage: Admiré par tous ses sujets, à qui il prodigue amour et protection, ce vénérable chef du clan des Koudishs, impose le respect par sa grande sagesse et ses connaissances de la magie. Vêtu avec raffinement, ce vieil érudit porte de petites lunettes rondes et arbore une longue barbe blanche qui lui donne une aura de bonté et de sagesse. La veste bleue, qu'il arbore élégamment, est ornée de petits boutons argent, cousus de fils or. Sa canne en bois, surmontée d'un magnifique pommeau d'or à l'effigie d'une tête de volatile — un hibou, sans doute — lui confère une certaine dignité.

Lokusts

Lokusts: Guibnöuks transformés par le sorcier Malgor en charognards de la pire espèce. Curieux mélange de loups géants et de hyènes, ils possèdent une fourrure brune, teintée de noir. Dotés d'une puissante mâchoire, leurs morsures, souvent fatales, inoculent un poison qui occasionne de terribles souffrances avant de provoquer une perte de conscience.

Malgor

Malgor: Sorcier à l'esprit malfaisant d'une grande puissance qui prend plaisir à martyriser et à terroriser les habitants du monde parallèle. Il se nourrit essentiellement de leur peur.

Markus le Koudish

Markus le Koudish: Les Koudishs sont de très petits hommes, plus petits que les nains, mais plus grands que les farfadets. Ce sont des magiciens qui ont plus d'un tour dans leur sac. Ils sont dotés de grandes oreilles et d'un nez fin et plutôt long. En cas de danger, leur système de défense se déclenche automatiquement et ils disparaissent en laissant derrière eux une fine trace lumineuse. Leurs plats favoris sont composés d'un habile mélange de plantes, de fruits et de poissons. Markus, quant à lui, digne prétendant au trône du chef Kiröd, malgré son tempérament fougueux, n'en demeure pas moins attachant. Il a pour Will une amitié toute fraternelle.

Mollöks

Mollöks: Zélottes devenus férocement carnivores après leur transformation par le sorcier
Malgor. Bien qu'ils soient de petite taille,
les Mollöks possèdent une grande force physique. De plus, ils sont dotés d'une dentition
redoutable pouvant infliger de profondes
morsures et de longues griffes noires très
acérées.

Monstre de la montagne sacrée

Monstre de la montagne sacrée: C'est une effroyable créature aux allures de dragon. Il possède deux têtes cornues de lion préhistorique et un corps recouvert de pointes acérées qui le protègent contre ses ennemis. Il peut terrasser un adversaire d'un seul coup de queue ou broyer n'importe quelle ossature avec ses puissantes mâchoires. Selon une vieille légende émanant du peuple Amik, il garderait la montagne sacrée depuis toujours.

Pagidish

Pagidish : Carte aux pouvoirs magiques servant à visualiser la route à suivre. Celui qui détient la carte n'a qu'à pointer du doigt un point précis pour qu'aussitôt elle s'anime et le transporte en images à l'endroit désiré. Il peut alors le survoler comme un oiseau.

Pecka, chef des Shinöks

Pecka, chef des Shinöks: Les Shinöks sont des hommes-oiseaux d'une grande beauté, à la tête semblable à celle du couguar. Leurs bras sont munis de grandes mains griffues tandis que leurs pattes et leurs ailes sont semblables à celles d'un aigle. Le fin duvet qui recouvre leur corps est de la même couleur que celui du grand félin d'Amérique. Ce sont de pacifiques mangeurs de plantes et de poissons.

Pierre de la déesse Aurora

Pierre de la déesse Aurora: Très beau pendentif dans lequel est sertie, en son centre, une pierre précieuse, semblable à un gros diamant qui miroite. Cette pierre spéciale, qui a appartenu à plusieurs porteurs, recèle de grands pouvoirs protégeant l'être bien intentionné qui la porte.

Raptors

Raptors: Anciens Shinöks ayant subi une transformation extrême. Ces énormes volatiles au plumage noir ébène sont dotés de grands yeux rouge écarlate. Ils ont des oreilles pointues couvertes de poils et de longues griffes noires très acérées. Leur tête ressemble à celles des gargouilles juchées au sommet de certaines églises. Ils possèdent une dentition très menaçante semblable à celle d'un grand félin.

Tante Marie

Tante Marie: Petite et grassouillette, tante Marie est physiquement l'opposée de sa sœur, Sarah, la mère de Will. Ménagère hors pair, elle arbore un visage rond et des yeux bruns. Sa longue chevelure frisée qu'elle dissimule sous un bonnet, lui confère un air maternel. Elle a une grande affection pour Will qu'elle considère comme son propre fils.

Wondö,
chef des Golgoths

Wondö, chef des Golgoths: Les Golgoths
sont de «gentils géants» de plus de vingt-cinq
pieds de haut dotés d'une musculature très
développée et d'une force peu commune. Ils
ont, tout comme les humains, deux bras et
deux jambes, une figure avec un nez assez
gros, une solide mâchoire carrée et de petites
oreilles pointues. De tempérament plutôt
jovial et pacifique, ils sont essentiellement
végétariens, se nourrissant de plantes et de
racines de Balmüt. Wondö a pour Will,
qu'il considère comme un des leurs, une amitié sincère.

Yolek le Koudish

Yolek le Koudish: C'est le fidèle compagnon de Markus. Bien que plus malingre que ce dernier et de tempérament plus nerveux, Yolek n'en demeure pas moins loyal et digne de confiance. Malgré ses hésitations et son bégaiement, il n'hésite jamais à suivre Markus et à lui donner son appui.

Tome 2

Adrïd

Adrïd: Ce solide guerrier aux longs cheveux noir ébène, souverain du peuple des Gorgöls est un redoutable combattant d'une agilité hors du commun.

Arthélia

Arthélia: Dès son plus jeune âge, elle est appelée *princesse* par son peuple. Une fois adulte, elle devient la souveraine du royaume d'Argöss. C'est alors qu'elle est pourchassée par la sorcière Zôria, qui, en prenant la forme d'un spectre, tente de s'emparer de son corps pour régner à sa place.

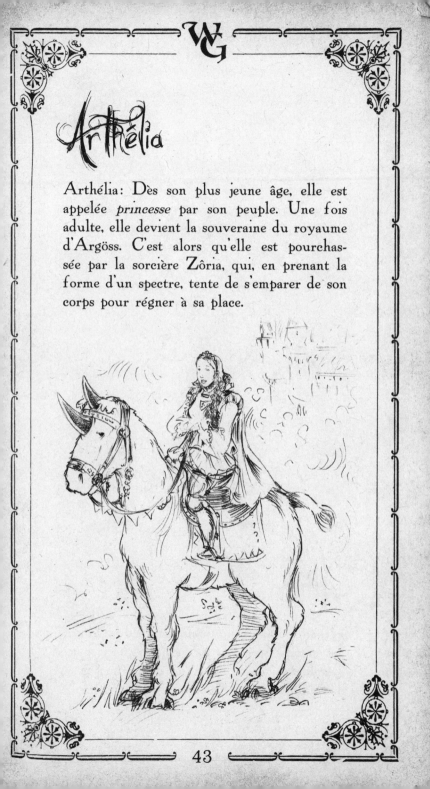

Athär

Athär : Colosse rouquin, souverain du Rhoväd.
La grande force de ce vaillant guerrier n'a
d'égale que son immense détermination à
défendre les causes nobles.

Bradök

Bradök: Ce guerrier bourru, bras droit du prince Rhödem, cache un grand cœur sous ses traits rudes. Il est son plus vaillant chevalier et ne recule devant rien pour protéger la vie de son bien-aimé souverain à qui il voue une grande amitié.

Brokiäm

Brokiäm: Souverain du peuple des Nivïtes. Ce robuste guerrier à la longue barbe blonde a la réputation d'être sans pitié pour ceux qui osent molester les gens pauvres et les orphelins dont il se fait le défenseur inconditionnel.

Cerbères du passage

Cerbères du passage: Bipèdes poilus à tête de taureau. Au nombre de trois, ce sont les gardiens de la grotte du mont Kirfü qui abrite le Psylium d'Archée, cette dague tant convoitée, emprisonnée dans le Cryptium d'Éböss.

Crypton Malicieux

Crypton Malicieux: Gigantesque serpent de plus de quinze pieds de long, au corps aussi gros qu'un arbre mature. Capables d'avaler un homme en un rien de temps, ces créatures sont d'ordinaire plutôt pacifiques. Par contre, si on leur marche sur la queue, elles perçoivent ce geste comme une agression délibérée et sont prêtes à tuer pour laver leur honneur. Leur énorme gueule est munie de deux crocs qui secrètent un venin foudroyant.

Dhövik

Dhövik: Homme trapu au crâne dégarni, il porte de petites lunettes rondes en équilibre sur le bout du nez et un crayon sur l'oreille droite. C'est l'architecte privé de la princesse Arthélia et son plus fidèle admirateur. Il est le concepteur de la cité d'Argöss et l'inventeur du Körélium et du puissant Mirädor.

Dragon bicéphale

Dragon bicéphale: Déguisement de la sorcière Zôria. Semblable à un dragon à deux têtes, cette repoussante créature se révèle encore plus dangereuse lorsqu'elle se sert de son énorme queue comme d'un gigantesque fouet.

Göliak

Göliak: Souverain des Norvëgs. Vigoureux cavalier à la barbe blanche. Ce grand roi respecté de tous a une grande affection pour Arthélia, la jeune héritière du royaume d'Argöss, qu'il considère comme sa propre fille.

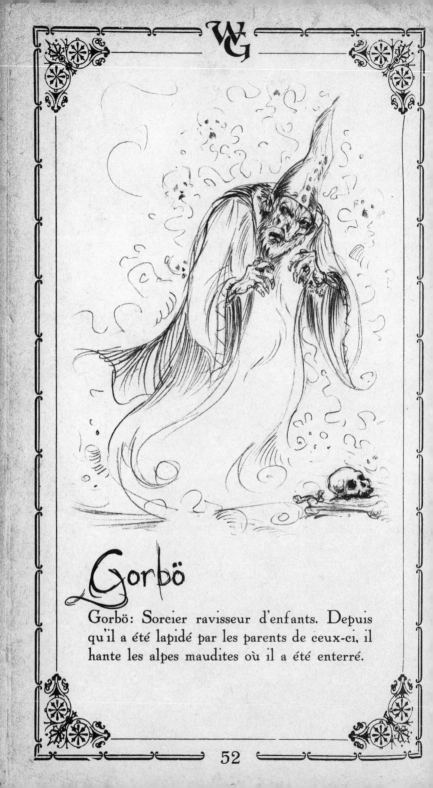

Gorbö

Gorbö: Sorcier ravisseur d'enfants. Depuis qu'il a été lapidé par les parents de ceux-ci, il hante les alpes maudites où il a été enterré.

Görgo, chef suprême des Zörgs

Görgo, chef suprême des Zörgs: Les Zörgs sont des hommes-végétaux qui vivent dans la vase. Ces créatures qui font une fois et demie la taille d'un homme ont un corps recouvert de feuilles et de mousse verte. La texture de leur peau semble essentiellement composée de matières végétales. Doux et pacifiques, ils ont le don de guérir les blessures les plus graves.

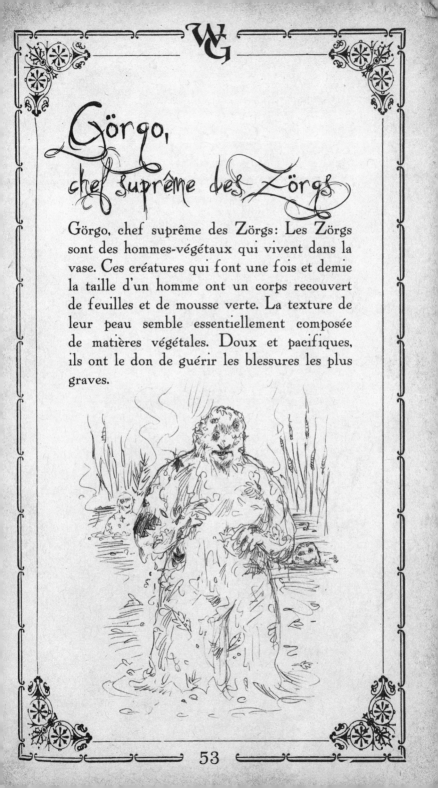

Hölvig

Hölvig: Courageux paysan. Il fut le premier à fomenter une révolte contre Imgöla, le tyran usurpateur.

Hommes-cafards

Hommes-cafards: Hommes-insectes dont le haut du corps ressemble à un cafard géant. Ces êtres, semblables à des Zombies, obéissent aux ordres des Mandrökes.

Hommes-sangliers

Hommes-sangliers: Créatures mi-hommes, mi-bêtes. Une hideuse tête de sanglier surmonte leur corps massif recouvert d'une fourrure brune aux reflets noirs. Sous le commande-ment des Mandrökes ces derniers patrouillent la forêt en quête de visiteurs qu'ils font ensuite prisonniers.

Hommes-serpents

Hommes-serpents: Hommes-reptiles à tête de serpent. La peau de leur corps est recouverte d'écailles luisantes. Ces redoutables mutants sont sans conteste les plus dangereux adversaires des défenseurs d'Argöss après les Mandrökes et les Zirnöks cracheurs.

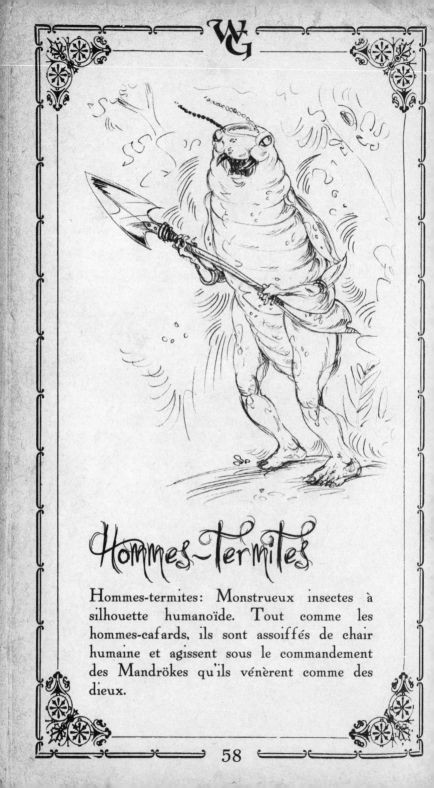

Hommes-termites

Hommes-termites: Monstrueux insectes à silhouette humanoïde. Tout comme les hommes-cafards, ils sont assoiffés de chair humaine et agissent sous le commandement des Mandrökes qu'ils vénèrent comme des dieux.

Imgöla, chef des Mandrökes

Imgöla, chef des Mandrökes: Il n'a qu'un but, s'emparer de la cité d'Argöss pour ensuite étendre son règne de terreur aux royaumes voisins et devenir le maître du monde. Il commande les Mandrökes, démons vengeurs animés par l'esprit d'anciens guerriers maudits provenant des ténèbres les plus reculés du Golgöva.

Kénöss

Kénöss: Créature d'une incroyable beauté, mi-homme, mi-cheval de mer. Il est le gardien des forces du bien, le demi-dieu à qui Brägma, le Très-Haut, a délégué le pouvoir d'expédier les esprits maléfiques au Golgöva.

Kündo le cobaye

Kündo le cobaye: Enfant au corps devenu difforme à la suite d'une expérience ratée de Zôria. Sa main droite et son pied gauche sont recouverts de poils et pourvus de longues griffes.

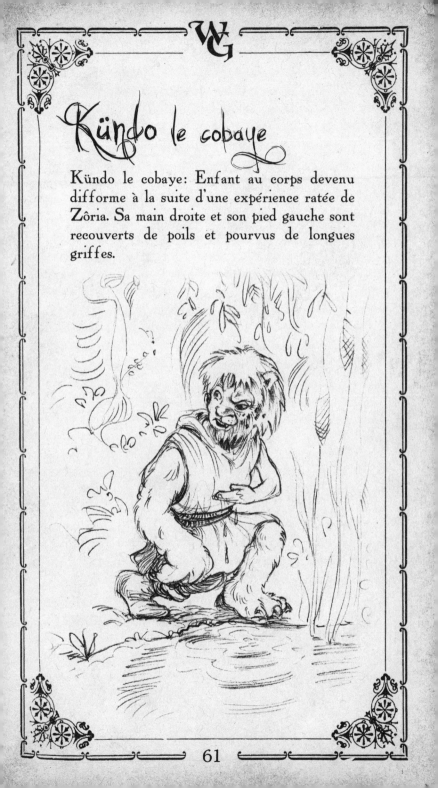

Kündo le lion préhistorique

Kündo lion préhistorique: Résultat de la transformation d'un jeune enfant inoffensif (Kündo) qui, sous l'effet d'une émotion intense (un grand danger menaçant ses amis, par exemple) a la capacité de se transformer en une bête féroce préhistorique.

Mammouth

Mammouth: Forme qu'a pris Shmöll le Irbit pour combattre ses ennemis. Ses charges brutales en font un adversaire impitoyable.

Mendénüs

Mendénüs: Souverain-commandant de l'armée des Maltïshs. Toujours volontaire pour seconder son grand ami Göliak, ce robuste guerrier est réputé pour son adresse au maniement de l'épée.

Monsieur Murphy

Monsieur Murphy: Propriétaire du magasin général de Mont-bleu, cet aimable commerçant de petite taille, au crâne dégarni, a eu la bonté de recueillir Will, après l'avoir trouvé inconscient sur le pas de sa porte. Toujours affairé à servir ses clients et à vérifier sa caisse, il passe pour un homme intègre. Les petites lunettes retenues par une corde qu'il met sur le bout de son nez en cas de besoin lui donnent un air sérieux qu'il délaisse rapidement lorsqu'il s'agit de raconter une bonne blague ou de taquiner sa fidèle épouse et complice.

Mörth

Mörth: Le plus rapide des coursiers du roi Göliak. Ce petit mais robuste chevalier Norvëg, aux allures de jockey, file comme le vent sur sa rapide monture et ne s'arrête que lorsque le message est livré en main propre. On peut compter sur lui dans les moments cruciaux.

Odak, dit « le brave »

Odak, dit «le brave»: Premier souverain d'Argöss. C'est lui qui s'est débarrassé d'Imgöla la première fois en l'envoyant dans le Golgöva à l'aide du Psylïüm d'Archée. Ce noble chevalier à l'esprit vagabond est réputé pour sa grande adresse au maniement de l'épée.

Othör

Othör: Bras droit et fidèle serviteur du chef des Mandrökes. Il est capable des pires crimes pour satisfaire la soif de vengeance de son maître Imgöla.

Rats géants

Rats géants: Énormes rongeurs qui hantent les alpes maudites et sont sensibles aux chants des enfants. Certains de ces gigantesques muridés se distinguent par le médaillon retenu par une chaînette qui pend à leur cou.

Rhödem

Rhödem: Prince, souverain du peuple de Malagösh, royaume voisin d'Argöss. Ce fier guerrier à la longue chevelure blonde, au regard perçant, n'a d'yeux que pour la jolie souveraine d'Argöss, Arthélia.

Römer

Römer: Prince, souverain et commandant de l'armée des Wollöss. Ce géant à la barbe rousse et aux allures de Viking est un fidèle serviteur de la juste cause. Son armée est composée de robustes guerriers. Ces hommes à la force physique exceptionnelle sont fiers de combattre à ses côtés.

Scarabées géants

Scarabées géants: Gigantesques insectes dotés
de grosses pinces tranchantes, qu'ils font cla-
quer comme des cisailles. Tout ce qui leur
tombe sous la patte est réduit en charpie.

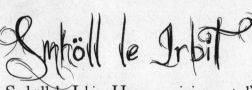

Smhöll le Irbit

Smhöll le Irbit: Homme miniature à l'aspect étrange, plus petit qu'un Koudish. Ses cheveux sont en bataille, ses oreilles fines n'ont pas de lobes; quant à son nez, on dirait une pomme de terre qu'on aurait plantée au milieu de son visage. Ses vêtements sont modestes et semblables à ceux des paysans. Il porte une chemise blanche, une veste sans manche et des culottes brunes. Ses bottillons de cuir noir sont ornés, de chaque côté, d'un symbole représentant une étoile scindée en deux avec, au milieu, un œil en pierre précieuse qui reflète le moindre éclat lumineux.

Wadö
le Roucouleur des marais

Wadö le Roucouleur des marais: Étrange
volatile à l'allure générale d'une chouette,
perchée, ou plutôt suspendue à une branche, la
tête en bas, à la manière des chauves-souris.
Son plumage est blanc tacheté de rouge. C'est
le messager spécial du prince Rhödem.

Zébriüs

Zébriüs: Cet animal bizarre, affublé d'une tête bovine, est la monture de Dhövik. Son corps s'apparente à celui d'un zèbre. Les rayures orange vif, qui partent de sa tête, courent en zigzaguant jusqu'à sa queue où elles se réunissent en une sorte de tresse.

Zhüri

Zhüri: Fils aîné de Jawäd l'Amik. Bien qu'encore jeune, il se préoccupe beaucoup de l'équilibre émotionnel de son père.

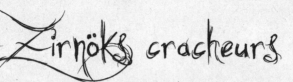

Zirnöks cracheurs

Zirnöks cracheurs: Espèces d'énormes volatiles à tête de serpent qui peuvent projeter un liquide frigorifiant capable de transformer en quelques secondes un homme en statue de glace. Leurs ailes noires rappelant celles des chauves-souris leur permettent d'atteindre des vitesses vertigineuses en cas de besoin. Leurs cris stridents et leurs regards lumineux ont la réputation de figer leurs proies qu'ils happent ensuite avec rapidité.

Zôria

Zôria: Sorcière à l'état de spectre qui cherche à accaparer le corps de la princesse Arthélia pour régner à sa place. C'est elle qui a ramené du Golgöva Imgöla et toutes ses monstrueuses créatures.

Zrébuliüs l'enchanteur

Zrébuliüs l'enchanteur: Sorcier aux grands pouvoirs qui, contre une généreuse rétribution, a affronté en un duel de magie son congénère Gorbö. Une fois vaincu et dépouillé de tous ses pouvoirs magiques, Zrébuliüs a remis Gorbö aux parents des enfants disparus qui le lapidèrent.

Tome 3

Alligators à tentacules

Alligators à tentacules: Sauriens des marais d'Imôr dont le corps, semblable à celui d'un crocodile, est muni de tentacules préhensiles. Leur gueule est équipée de trois rangées de dents pointues de couleur jaunâtre.

Baldius

Baldius: Grand Badâm. Chef spirituel plein de sagesse des Sombrius. Il affiche une barbe grise tout aussi ébouriffée que les longs poils qui jaillissent de ses oreilles. Il passe le plus clair de son temps en méditation.

Bazlo le Sombrius

Bazlo le Sombrius: Lui et son ami Gizlo
sont issus d'une petite communauté attachante
vivant dans les souterrains. Peu nombreux,
les Sombrius ont le cheveu rare et leur peau
est verdâtre. Ils parlent un curieux langage
simplifié, mais compréhensible cependant.

Biômli

Biômli: Sorcier réputé pour ses grands pouvoirs. Il est le chef de la tribu des Maltïtes.

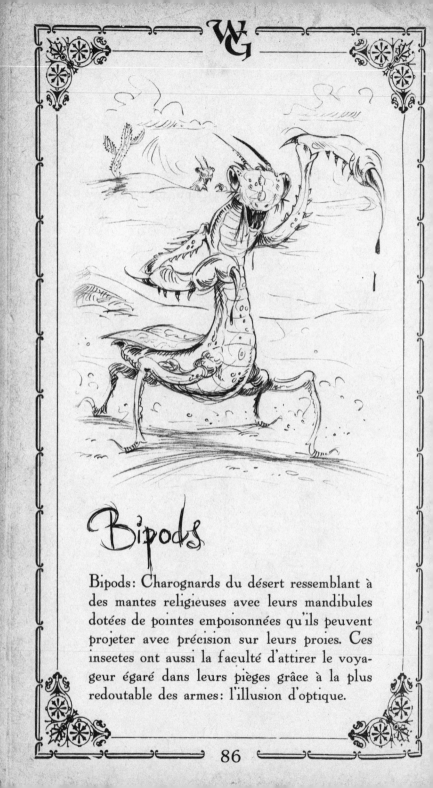

Bipods

Bipods: Charognards du désert ressemblant à des mantes religieuses avec leurs mandibules dotées de pointes empoisonnées qu'ils peuvent projeter avec précision sur leurs proies. Ces insectes ont aussi la faculté d'attirer le voyageur égaré dans leurs pièges grâce à la plus redoutable des armes: l'illusion d'optique.

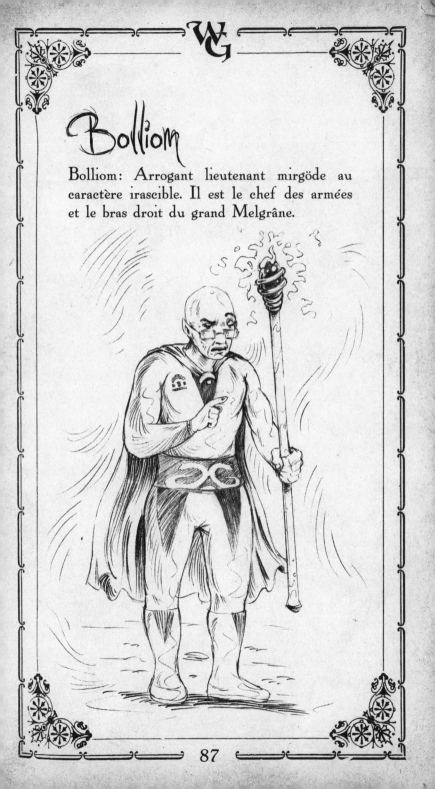

Bolliom

Bolliom: Arrogant lieutenant mirgöde au caractère irascible. Il est le chef des armées et le bras droit du grand Melgrâne.

Colosse bicéphale

Colosse bicéphale: Géant armé d'un énorme
gourdin et faisant cinq fois la taille d'un
humain. Ses deux têtes aux yeux vides de
zombie et aux bouches aux dents cariées inspirent la terreur.

Dame du bateau

Dame du bateau: Représentation d'un visage féminin rappelant la grande beauté de la déesse Aurora, située à la proue du mystérieux bateau naviguant sur la Morcekia.

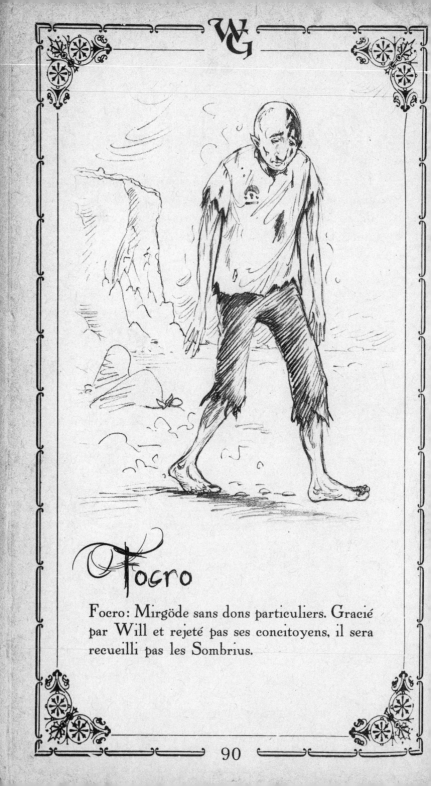

Focro

Focro: Mirgöde sans dons particuliers. Gracié par Will et rejeté pas ses concitoyens, il sera recueilli pas les Sombrius.

Funeste chevalier

Funeste chevalier: Condamné à hanter le tunnel des regrets pour l'éternité, ce personnage arbore un visage à demi rongé et des vêtements en loques.

Gardiens de l'antre

Gardiens de l'antre: Maléfiques statues de pierre capables de neutraliser n'importe quel adversaire par leur faculté de transformation et de régénération.

Gizlo

Gizlo: Le meilleur éclaireur du clan Sombrius. Ses longs doigts aux jointures difformes laissent voir à leur extrémité des ongles noirs très épais et bosselés s'agençant parfaitement avec la couleur verdâtre de sa peau. Ses grands yeux bleus brillent comme deux lunes jumelles. Il est vêtu d'une tunique d'un noir mat, faite d'un matériel très épais semblable à du cuir. Toute rapiécée, celle-ci couvre la presque totalité de son corps. Des mocassins, taillés dans le même matériel, semblent épouser parfaitement ses petits pieds difformes.

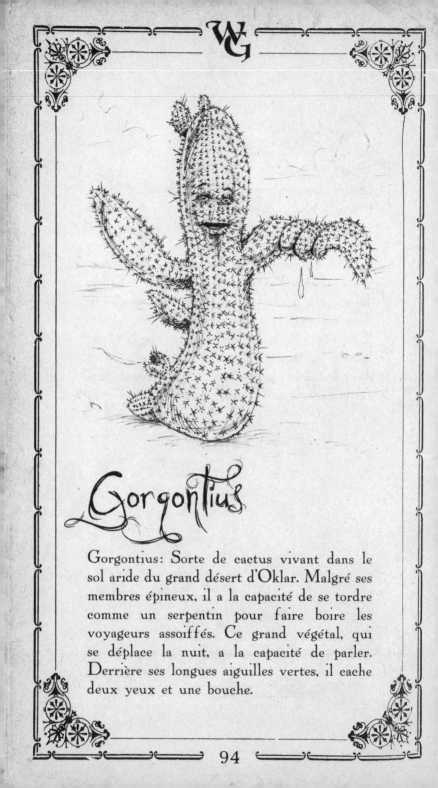

Gorgontius

Gorgontius: Sorte de cactus vivant dans le sol aride du grand désert d'Oklar. Malgré ses membres épineux, il a la capacité de se tordre comme un serpentin pour faire boire les voyageurs assoiffés. Ce grand végétal, qui se déplace la nuit, a la capacité de parler. Derrière ses longues aiguilles vertes, il cache deux yeux et une bouche.

Grands prêtres morkals

Grands prêtres morkals: Vêtus de longues peaux séchées, décorées de colliers d'os humains, les grands prêtres morkals sont affectés au cérémonial des sacrifices. Tout en poussant des cris rauques, ils allument des feux concentrés dans d'étroits bassins de pierres disposés de manière asymétrique afin d'appeler leur dieu, Vhorlök.

Hydres géantes

Hydres géantes: Habitant les marais d'Imôr,
elles sont munies de longs tentacules préhensiles.

Kiko le Rieur joufflu

Kiko le Rieur joufflu: Ce petit animal parlant a l'aspect général d'un chien de prairies à qui on aurait greffé les grosses bajoues d'un hamster. Son corps et sa longue queue poilue le font aussi ressembler à un petit macaque. Un large collet blanc entoure son cou et finit en pointe sur son poitrail. Le reste de son pelage est couleur acajou.

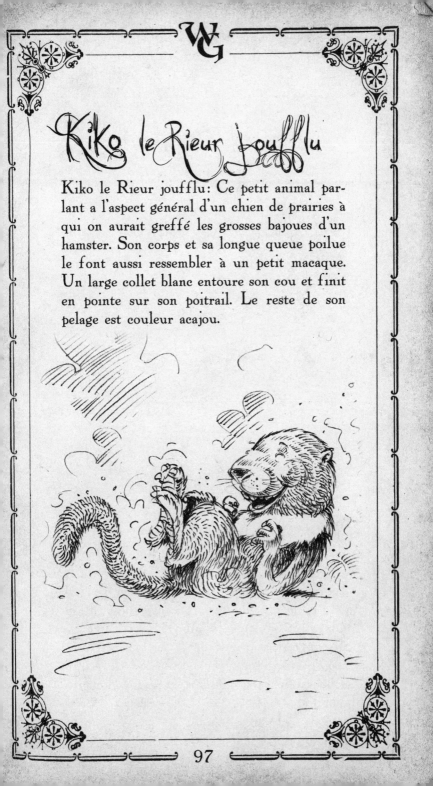

Krodoss

Krodoss: Habitant du Gouffre de Dzénor.
Son corps gluant, couvert d'appendices rétractables aux multiples ventouses, se termine par
une ouverture ronde ornée de trois terribles
crocs. Ses grands yeux jaunâtres de reptile
sont rattachés à sa tête par des pédoncules
mobiles.

Malagon

Malagon: Sorcier à la solde de Vhorlök. Ce denier sauvé *in extremis* par le sage Biômli, se rallia à sa cause. Après la disparition de Vhorlök dans les entrailles de la terre, sous le mont Körnu — là où il demeurera prisonnier pour l'éternité à l'endroit que Biômli avait préparé pour lui — Malagon baptisa ce lieu funeste: l'Antre des Maltïtes, en souvenir du peuple innocent qui y fut anéanti.

Malbar à pointes

Malbar à pointes: Ce petit lézard dodu, à la peau bleue, vit dans le désert. Il est muni d'épines dorsales rétractables qu'il fait surgir, à la manière d'un hérisson, pour se protéger de ses ennemis.

Melgrâne le Mirgöde

Melgrâne le Mirgöde: Suprême incontesté des Mirgödes, race mystérieuse d'êtres humains très intelligents qui protègent jalousement leur territoire contre toute intrusion extérieure. Ce sont les gardiens de l'Antre des Maltïtes.

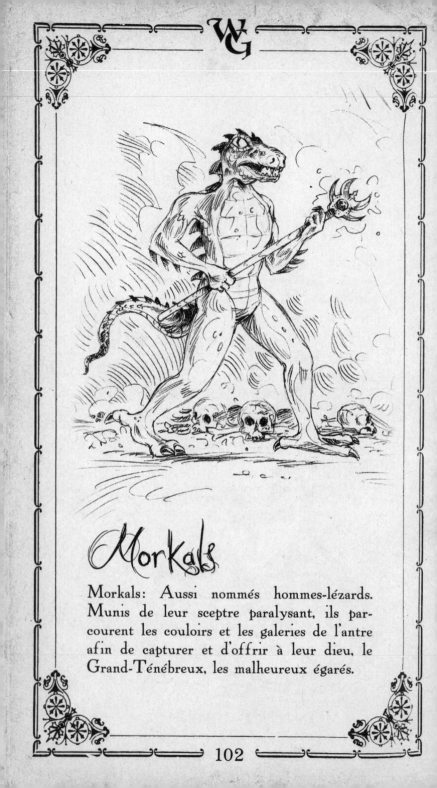

Morkals

Morkals: Aussi nommés hommes-lézards.
Munis de leur sceptre paralysant, ils par-
courent les couloirs et les galeries de l'antre
afin de capturer et d'offrir à leur dieu, le
Grand-Ténébreux, les malheureux égarés.

Péréclyde géante

Péréclyde géante: Sorte de grosse araignée noire velue, pourvue de longues pattes armées de pointes. Elle tisse sa toile dans les couloirs ou les passages de l'antre dans le but de capturer les voyageurs imprudents. Elle peut paralyser ses proies à l'aide de ses crocs venimeux.

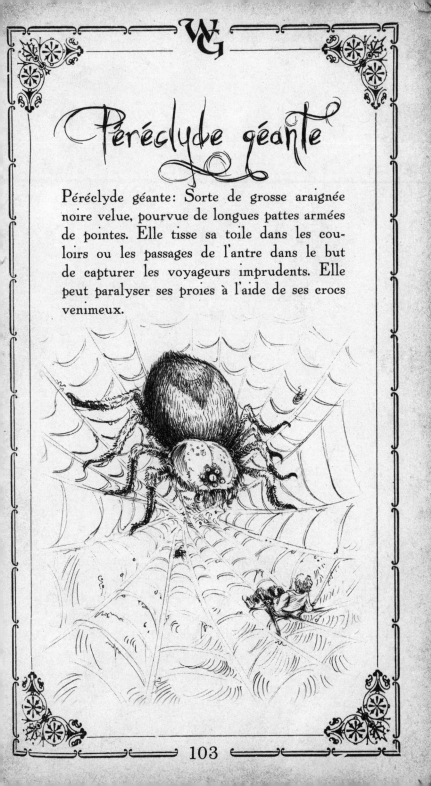

Pieuvre géante

Pieuvre géante: Résultant de la transformation des Vénuzes des rochers — dangereuses sirènes à la peau bleuâtre — cette créature a la faculté de tripler, voire de quintupler sa taille afin d'engloutir ses proies. Ses longs tentacules avec lesquels elle fouette l'air autour d'elle ont la capacité de se régénérer indéfiniment.

Scorpions noirs

Scorpions noirs : Arthropodes géants. Dépourvus de pinces, ils sont toutefois armés d'une redoutable queue rétractable terminée par un dard empoisonné. À demi aveugles, ils se fient principalement à leur odorat pour détecter la présence d'un intrus.

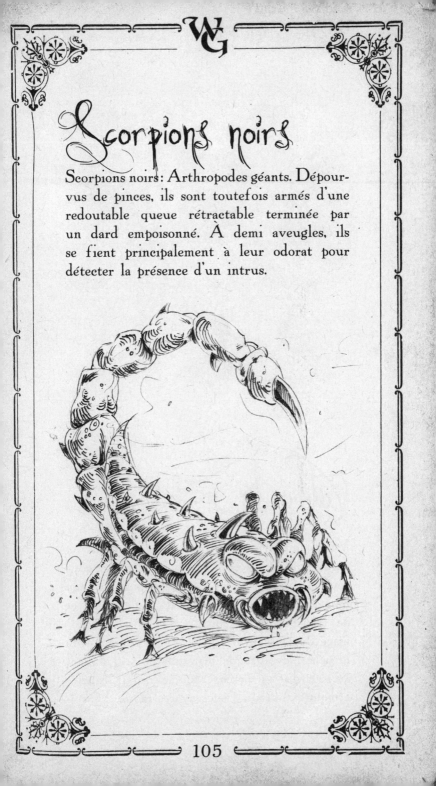

Valdo le Zirklon

Valdo le Zirklon: Grand volatile à qui on
aurait greffé les bras et la tête d'un kangou-
rou. Ses solides pattes arrière pourvues de
puissantes serres lui permettent de saisir et
de transporter de lourdes charges. Le plumage de l'oiseau est de la même couleur que
le pelage des grands marsupiaux. Cet animal
au regard aussi perçant que celui d'un faucon
a malgré tout un faciès sympathique.

Veilleur du passage obscur

Veilleur du passage obscur: D'allure négligée ce personnage est vêtu d'un long manteau noir en loques et d'un bonnet de nuit défraîchi. Il tient dans sa main une lampe à huile allumée. Il est, selon ses dires, chargé d'aider les voyageurs égarés dans l'antre à retrouver leur chemin.

Venghör, dit « le brave »

Venghör, dit « le brave »: Grand guerrier surnommé « le brave » pour son courage légendaire. Parti à la recherche de son frère Yvanac, il s'est retrouvé lui aussi prisonnier de l'antre, dont il n'a jamais pu ressortir.

Vénuzes des rochers

Vénuzes des rochers: Sortes de sirènes d'une incroyable beauté capables d'enjôler par leur regard tout navigateur qui passe à leur portée et de se transformer en pieuvres géantes pour le dévorer ensuite.

Vhorlök

Vhorlök: Ancien tyran et demi-dieu déchu appelé aussi le Grand-Ténébreux, il est le dieu des ténèbres et maître incontesté de l'Antre des Maltïtes.

Yidos

Yidos: Petits macaques malingres inoffensifs, aux oreilles en forme de demi-lunes. Ils se nourrissent d'os desséchés laissés par les Morkals.

Yimblish le rat géant

Yimblish le rat géant: Rongeur de la grosseur
d'un castor qui hante les galeries de l'antre à
la recherche de nourriture. Sous son poil gris
hirsute, il cache un secret qui ne demande
qu'à être révélé.

Yvanac

Yvanac: Frère cadet de Venghör. Ce jeune prétentieux libertin qui jalouse son aîné s'est retrouvé prisonnier de l'Antre des Maltïtes après avoir goûté au fruit de l'arbre aux maléfices.

Tome 4

Arbre magique

Arbre magique: Grand végétal centenaire
par où Will et Catherine ont transité vers le
monde parallèle.

Bizantium

Bizantium: Obtenu à cause de la folie de certains savants koudishs, jadis aveuglés par un désir démesuré de pouvoirs, ce dangereux minerai a éliminé presque toute vie sur le Guibök. Résultat d'un procédé faisant appel autant à la magie noire qu'à la magie blanche, il devient une arme redoutable entre de mauvaises mains.

Catherine

Catherine: Fille du médecin de Mont-Bleu,
Catherine McBride est la plus fidèle amie
de Will. Avec ses grands yeux bleus et sa
longue chevelure brune, elle ne recule devant
rien pour défendre son héros et participer à
sa quête. Will, à qui elle aimerait un jour
unir sa destinée, trouve Catherine fort jolie.
Tous deux sont inséparables.

Dame de la fontaine

Dame de la fontaine: Statue d'une belle femme tenant dans ses mains une harpe de laquelle s'écoule une eau parfaitement limpide.

Docteur McBride

Docteur McBride: Médecin de Mont-Bleu
et père de Catherine, il prodigue ses bons
soins à tous les habitants du village.

Dorothée Bigsby

Dorothée Bigsby: Femme du *vieux Rod* et mère adoptive de Will. Elle est toujours très inquiète lorsque celui-ci disparaît.

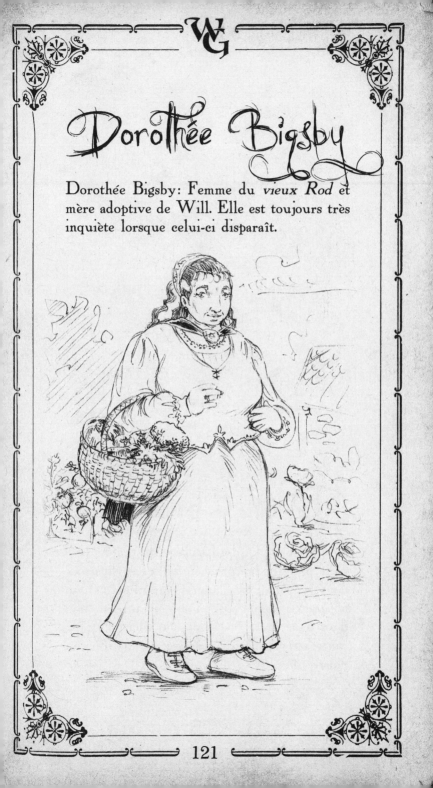

Drômes-brouillards

Drômes-brouillards: Dangereux spectres pouvant prendre la forme de colosses vaporeux, d'où l'appellation d'hommes-brouillards. Leur apparence vaporeuse en a fait tomber plus d'un dans leurs pièges et leur charge fulgurante est capable de terrasser n'importe quel mortel.

Drômes-paillis

Drômes-paillis: Dangereux spectres pouvant prendre la forme de géants faits de détritus végétaux. Leur attaque en spirale ne laisse aucune chance à leurs proies.

Emlish

Emlish: Précédemment surnommé «le grand sage», ce spectre, ancien chef des Koudishs, semble sous l'influence maléfique d'un dangereux pouvoir.

Giôdo le Razemottes

Giôdo le Razemottes: Ce minuscule humanoïde vit avec ses frères rescapés dans la
Forêt des ombres. Son costume fait d'herbages
lui permet de passer inaperçu sous l'épais
feuillage des sous-bois.

Kroço
le Luzlor à crête

Kroco le Luzlor à crête: Ce gros volatile au plumage noir et aux longues oreilles en pointe est un lointain cousin du Huzak. Sa queue et ses pattes griffues s'apparentent plutôt à celles d'un lézard. Lorsqu'il se met en colère, une collerette de pointes acérées jaillit tout autour de sa tête.

Kroco, mi-homme mi-bête

Kroco, mi-homme mi-bête: Dangereux mutant qui ne recule devant rien pour assouvir sa vengeance et prouver sa loyauté à son maître Emlish.

Lucioles géantes

Lucioles géantes: Ces gigantesques lucioles
de la grosseur d'un oiseau-mouche sont
recherchées pour la lumière apaisante qu'elles
diffusent.

Milrod, Troisième du nom

Milrod, troisième du nom: Ancien Koudish issu d'une famille noble, victime d'une malédiction qui retient son âme prisonnière dans son tombeau de pierre. Sous sa forme translucide, ce sympathique petit bonhomme, au timbre de voix rieur, ouvrira, une fois délivré, le passage à ses libérateurs vers une oasis préservée par les Zoviats, au cœur du Guibök.

Môglishs

Môglishs: Spectres koudishs mutants adaptés à l'environnement et ayant conservé de redoutables pouvoirs. Leurs morsures sont extrêmement douloureuses.

Ômod

Ômod: Môglish repenti qui cherche désespérément à retrouver son ancienne condition.

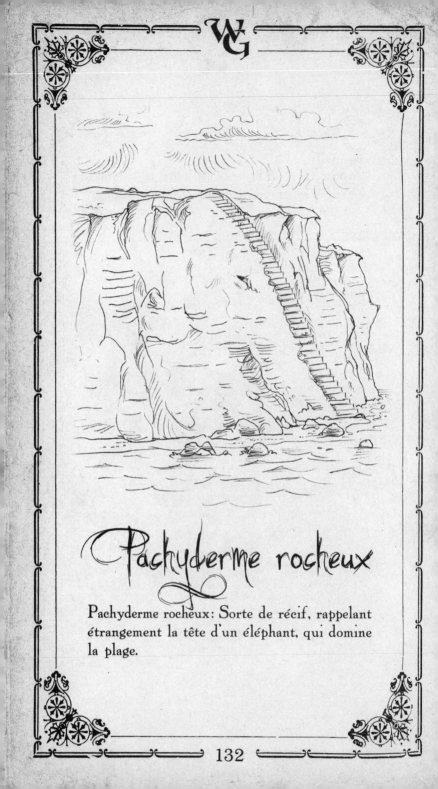

Pachyderme rocheux

Pachyderme rocheux: Sorte de récif, rappelant
étrangement la tête d'un éléphant, qui domine
la plage.

Poseur de pierres

Poseur de pierres: Mystérieux personnage à la voix caverneuse. Cet être sans visage est vêtu d'une vieille tunique au capuchon rapiécé.

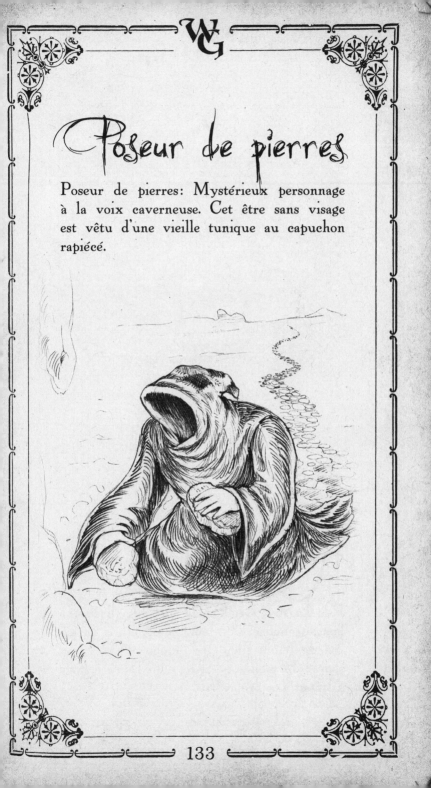

Rod Bigsby

Rod Bigsby: Cet homme fort du village que
l'on surnomme « le vieux Rod » est le forge-
ron de Mont-Bleu. Il a adopté Will à son
retour du monde parallèle et il l'aime comme
s'il était son propre fils.

Spectres de la cité koudish

Spectres de la cité koudish: Redoutables gardiens de l'ancienne cité koudish.

Vampouz

Vampouz: Créatures noires au corps vaporeux, voleuses d'âmes, qui poussent d'affreux gémissements semblables à des grincements de portes. Elles se faufilent sournoisement dans les sous-bois et, pour passer inaperçues et tromper leurs proies, prennent la forme d'une ombre.

Zoviats

Zoviats: Spectres des gardiens de la sagesse ancestrale, liée à la magie koudish.

Tome 3

Amhadius

Amhadius: Vieux sage qui vit près de la mer
du Tibör. Ce mystérieux personnage arbore
une grande barbe d'une blancheur éclatante,
dont les longs poils sont tressés et incrustés
de petits coquillages aux formes variées. Il
porte une tunique beige tenue à la taille par
une large ceinture dont la boucle est ornée
d'un gros coquillage, et d'où pend un cordon
plat rappelant une anguille de mer. Fait d'un
bois très foncé, le bâton noueux sur lequel
il s'appuie complète l'allure de ce mage aux
pouvoirs surprenants.

Borchek

Borchek: Chef des vigiles qui gardent l'entrée de la citée d'Argöss. D'un physique imposant, celui-ci est, malgré son caractère un peu bourru, un soldat fiable et dévoué à sa reine.

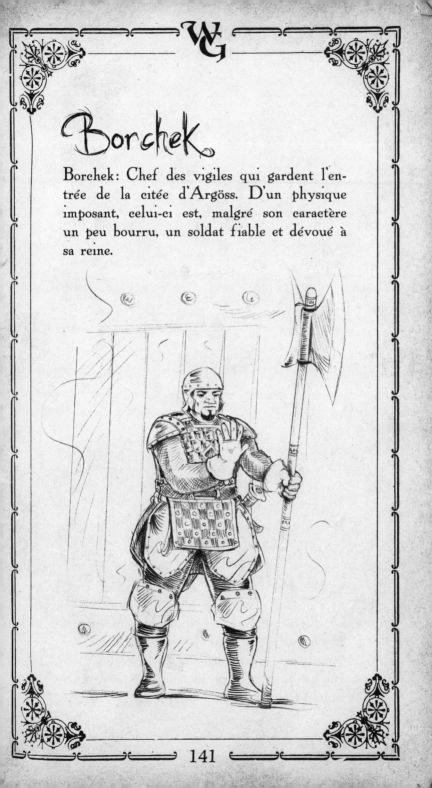

Cavaliers noirs

Cavaliers noirs: De nobles chevaliers qu'ils
étaient jadis, ces guerriers sont devenus des
bandits de grand chemin. La force obscure
qui les habite neutralise leur jugement et les
pousse à commettre les pires crimes.

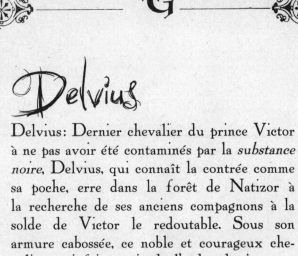

Delvius

Delvius: Dernier chevalier du prince Victor à ne pas avoir été contaminés par la *substance noire*, Delvius, qui connaît la contrée comme sa poche, erre dans la forêt de Natizor à la recherche de ses anciens compagnons à la solde de Victor le redoutable. Sous son armure cabossée, ce noble et courageux chevalier, qui fait partie de l'ordre du juste, se cache un redoutable guerrier qui n'hésite pas à risquer sa vie lorsque celles d'innocents sont en cause.

Faucons chasseurs géants

Faucons chasseurs géants: Maléfiques créatures ailées. Ces énormes faucons peuvent atteindre des vitesses impressionnantes. Ils chassent en bandes en poussant de grands cris rauques. Ces rapaces sont capables, en plein vol, de désarçonner un cavalier et de l'emporter dans les airs.

Gaël

Gaël: Ancien serviteur de la princesse Arthélia qu'un sort jeté par la sorcière Zôria, a transformé en Taskoual. Redevenu Gaël après sa mort tragique, il exerce auprès du Grand Esprit le rôle de messager. Il protège et conseille Will qui le considère comme son grand frère céleste.

Guêpe Tueuse

Guêpe tueuse: Après avoir été infectée par la maléfique substance noire, cet insecte a pris des proportions démesurées. Dotée d'un dard impressionnant la monstrueuse créature ne recule devant rien pour assouvir ses instincts belliqueux.

Jakob

Jakob: Palefrenier de Delvius. Ce gringalet au tempérament nerveux, infecté lui aussi par la substance noire retrouve un comportement normal après un contact avec la pierre divine.

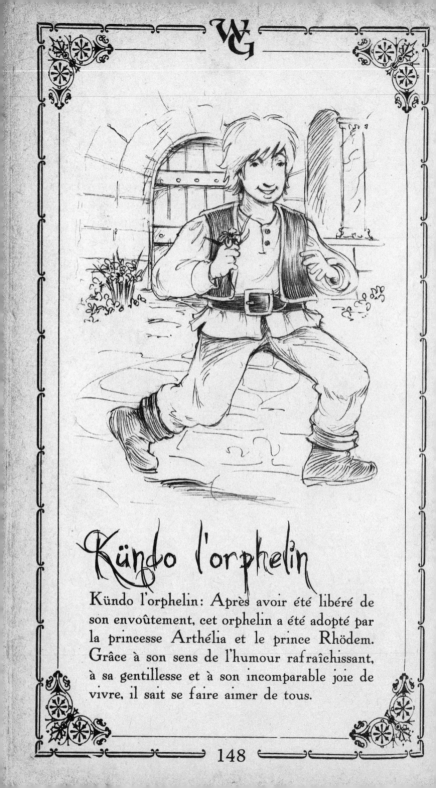

Kündo l'orphelin

Kündo l'orphelin: Après avoir été libéré de son envoûtement, cet orphelin a été adopté par la princesse Arthélia et le prince Rhödem. Grâce à son sens de l'humour rafraîchissant, à sa gentillesse et à son incomparable joie de vivre, il sait se faire aimer de tous.

Lombrics monstrueux

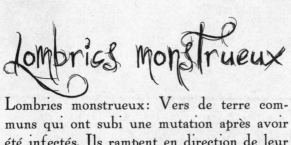

Lombrics monstrueux: Vers de terre communs qui ont subi une mutation après avoir été infectés. Ils rampent en direction de leur proie en balançant leur tête à la façon des serpents. Leur bouche dégoulinante est remplie de petits crocs pointus tels des dents de requin. Ces lombrics aux attributs terrifiants ont le pouvoir d'engloutir d'un seul coup une proie de la taille d'un homme.

MacDuff

MacDuff: Cordonnier du village de Mont-Bleu. Ce travailleur acharné au crâne dégarni aime bien rendre service. Il a la réputation d'être un vieil entêté au cœur d'or.

Natizor

Natizor: Ancêtre du prince Victor, il a vécu il y a des lustres et fut l'un des premiers souverains à habiter le majestueux château au portail à battants de cuivre. Ce bon roi a acquis gloire et puissance à la suite de la victoire qu'il a remportée sur l'armée des barbares de Cyare mettant ainsi fin au pillage qu'ils exerçaient sur la région.

Ouanda (La)

Ouanda (La): Vieille pauvresse à la longue chevelure grise, La Ouanda traîne une réputation de sorcière. Vêtue de loques confectionnées avec des lambeaux de fourrures de divers animaux sauvages, elle est aveugle de naissance et vit depuis toujours dans la forêt de Natizor. La rumeur veut qu'elle ait le pouvoir de prédire l'avenir en fixant, malgré sa cécité, son interlocuteur dans les yeux. Aux dires de certains, elle aurait même le pouvoir de libérer les égarés du royaume des morts et de lire au fond des âmes.

Sauterelles géantes à cornes spiralées

Sauterelles géantes à cornes spiralées: Sauterelles. Inoffensives à l'origine, elles sont devenues carnivores après avoir été infestées par la maléfique substance noire. Se déplaçant en bandes, ces gigantesques insectes produisent un bruit inquiétant lorsqu'ils agitent leurs ailes fibreuses au moment d'attaquer leur proie.

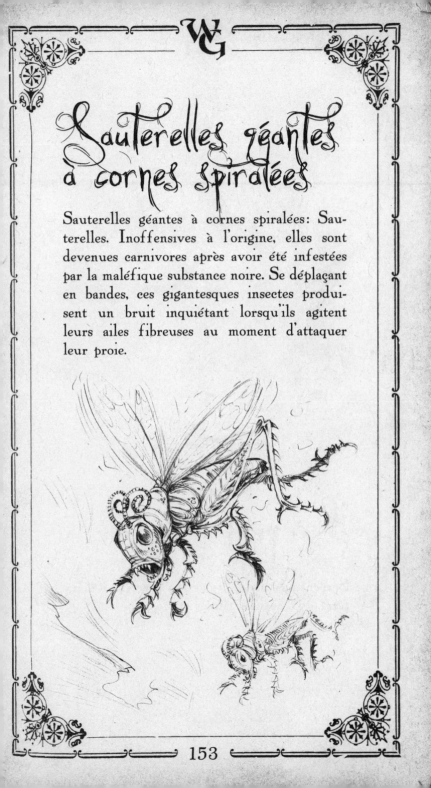

Serpent bicéphale

Serpent bicéphale : Gigantesque reptile à deux
têtes, aux écailles jaunes striées d'orange.

Shiros

Shiros: Fougueux Guerlük. Ce magnifique spécimen au caractère instable ne se laisse monter que par Will et la jeune souveraine du Royaume d'Argöss.

Symboles du mont Unük

Symboles du mont Unük: Sculpture gravée dans la pierre du mont Unük représentant un arc avec, au-dessus, une silhouette humaine surplombée de deux têtes de dragon crachant une gerbe d'étoiles.

Victor Borziak, huitième du nom

Victor Borziak, huitième du nom: Ce jeune prince, héritier d'un vaste territoire, gouverne avec bonté et justice. Tous ses sujets le considèrent comme un père tant il sait faire preuve d'empathie envers les moins nantis. Son château situé aux confins de ses terres se distingue de tous les autres par ses murs blancs flanqués d'un énorme portail cuivré.

Victor le redoutable

Victor le redoutable: Transformation de Victor Borziak, souverain de la contrée dont fait partie le village de Mont-Bleu. Cet esprit maléfique est capable des pires ignominies pour arriver à son but ultime: devenir le maître du monde et asservir toute forme de vie.

Yudrik

Yudrik: Serviteur personnel de la souveraine d'Argöss, ce majordome au corps svelte et gracile ressemble à un danseur de ballet. Malgré son air hautain et suffisant, il est un modèle de serviabilité et d'efficacité.

Tome 6

Créature des marais

Créature des marais: Cette masse de chair
informe de la taille d'un énorme loup marin,
arrive à se déplacer rapidement en rampant.
Elle est dotée de membres rétractables, qu'elle
étire au besoin pour attraper ses proies. De
sa gueule baveuse s'écoule un liquide acide.
Comme les serpents, elle peut engloutir une
proie plus grosse qu'elle.

Édouard Ghündee

Édouard Ghündee: Aîné des garçons de la famille Ghündee, il avait six ans de plus que Will. Doté d'un esprit curieux, il rêvait plus tard de devenir médecin. Édouard était toujours le premier à accourir lorsqu'un de ses frères ou de ses sœurs se blessait afin d'observer attentivement sa mère prodiguer les premiers soins.

Effroyable cerbère

Effroyable cerbère: Véritable abomination de la nature, ce redoutable gardien du passage se déplace par reptation. Il peut prendre toutes sortes de formes, dont l'une s'apparentant vaguement à une silhouette humaine, lorsqu'il se redresse pour attaquer.

Élizabeth Ghündee

Élizabeth Ghündee: De neuf ans l'aînée de Will, elle était la sage de la famille. Toute jeune, elle secondait sa mère dans les tâches domestiques et c'était une deuxième maman pour Will dont elle s'occupait avec grand soin.

Géant de granit

Géant de granit: Le buste de ce titan indes-
tructible peut surgir à tout moment d'une
paroi de pierres. De ses gros poings il est
capable de réduire en bouillie n'importe quel
adversaire.

Goule ailée

Goule ailée: Redoutable à cause de ses fulgurants coups de queue, c'est l'une des nombreuses transformations de Tom.

Herman Ghündee

Herman Ghündee: Chef de famille et travailleur acharné, Herman a, grâce à son courage et à sa détermination, sauvé ses cinq enfants d'une mort certaine. Du haut de ses six pieds six pouces, il imposait le respect, mais n'aurait fait de mal à qui que ce soit. Sa passion première était la musique, plus précisément l'accordéon dont il jouait en tapant du pied pour le plus grand plaisir de ses enfants. Ce solide gaillard ne reculait devant aucun obstacle ni aucun effort pour faire vivre sa famille. C'est de façon héroïque qu'il mourut lors du terrible incendie qui ravagea la demeure familiale.

Homme-crustacé

Homme-crustacé: Transformation de Tom.
Un dangereux mutant doté d'attributs appartenant aux homards. Armé de sa redoutable pince il peut broyer aisément les membres de ses adversaires.

Homme-méduse

Homme-méduse: Gardien des eaux et protecteur des plus faibles, ce mutant des mers nage avec l'agilité d'une méduse. Il impose le respect grâce à son sceptre fait de cristal bleuté. Ses grands yeux brillants, d'un bleu turquoise très pur, inspirent la confiance et la sérénité.

Joséphine McBride

Joséphine McBride: Épouse attentionnée du médecin du village et mère de Catherine, son unique enfant. Elle fait partie du comité des brodeuses de la région et elle enseigne l'art de la courtepointe à qui veut l'apprendre.

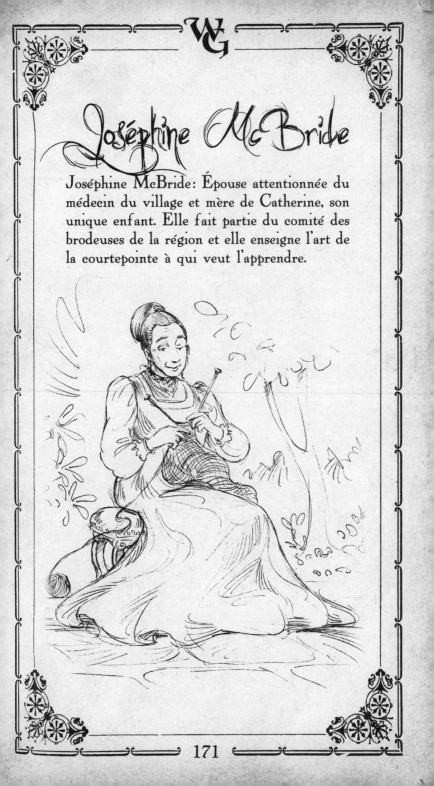

Lydia Ghündee

Lydia Ghündee: De cinq ans l'aînée de
Will, Lydia était la troisième enfant de la
famille. Son passe-temps favori consistait à
jouer à cache-cache avec Will et à s'occuper
de Gamine, sa chatte.

Monstre des abysses

Monstre des abysses: Répugnante créature, sortie tout droit de la préhistoire, dont le corps est composé de vieux ossements. Ressemblant à un lézard à qui on aurait greffé une carapace de tortue, cette créature cauchemardesque est dotée d'une énorme langue fourchue capable d'attraper et de paralyser n'importe quelle proie qui passe à sa portée.

Monstrueux Taureau

Monstrueux taureau: Horrible transformation de Grosdos, le vieux taureau boiteux de Tom. Doté d'une musculature puissante et de dangereuses cornes effilées, il gratte le sol avec fureur en expulsant des jets de flammes par ses naseaux lorsqu'il s'apprête à charger.

Ogre malfaisant

Ogre malfaisant: Géant de plus de trente pieds de haut, issu d'une des nombreuses transformations de Tom. Il s'avère redoutable lorsqu'il déploie sa force destructrice et se sert de son énorme gourdin.

Papillon carnivore

Papillon carnivore: Ce gros papillon de nuit, doté d'une dentition rappelant celle des piranhas a la faculté de se régénérer en se dupliquant.

Portail bavard

Portail bavard: Énigmatique porte de laquelle surgit une tête de vieillard aux traits torturés. Ce mystérieux personnage, aux propos tout aussi mystérieux, sait faire surgir le doute dans l'esprit de quiconque ose s'approcher.

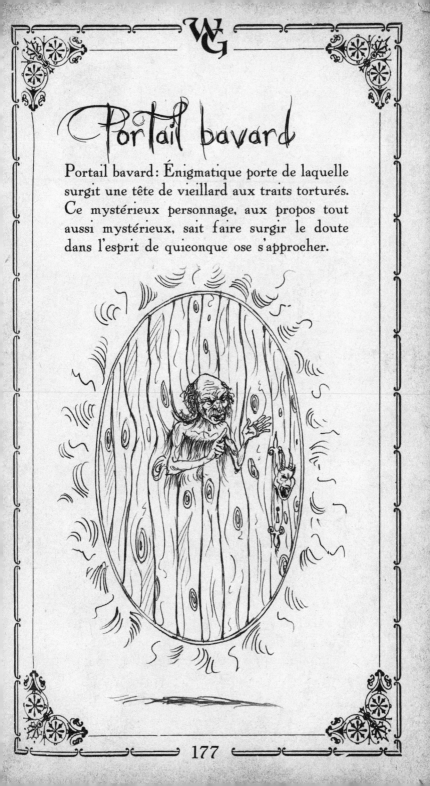

Portail gobeur

Portail gobeur : Grande porte d'acier à première vue inoffensive, mais qui peut se transformer à tout moment en une gueule géante capable d'engloutir toute personne entrant en contact avec elle.

Sarah Ghündee

Sarah Ghündee: Mère bien-aimée de Will. Sarah a perdu la vie de façon tragique en tentant de sauver ses cinq enfants lors de l'incendie de leur demeure. Durant toute sa vie, elle s'était dévouée pour satisfaire les besoins de sa famille.

Ted Ghündee

Ted Ghündee: De trois ans plus vieux que Will, Ted prenait un malin plaisir à taquiner ses sœurs lorsqu'ils étaient enfants. Il aimait aussi aider son père dans ses travaux, autour de la maison.

Termites géants

Termites géants: Gigantesques bestioles à l'allure cauchemardesque vivant dans le monde créé par Tom. Lorsqu'ils sortent de leur cachette, les termites émettent d'affreux cliquetis qui s'amplifient au point de devenir insupportables.

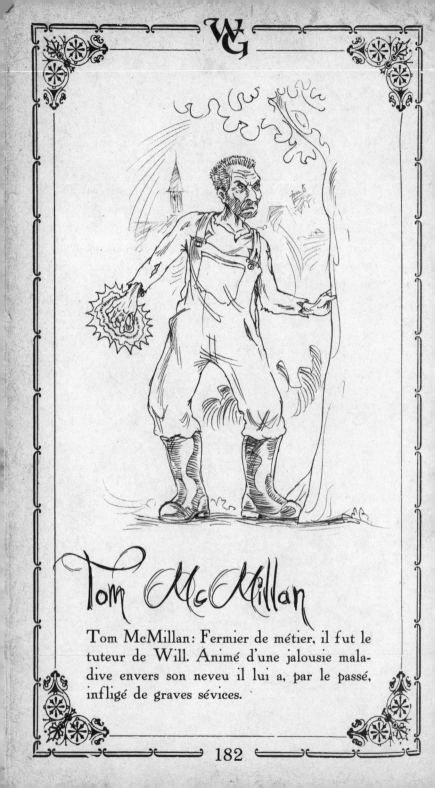

Tom McMillan

Tom McMillan: Fermier de métier, il fut le
tuteur de Will. Animé d'une jalousie mala-
dive envers son neveu il lui a, par le passé,
infligé de graves sévices.

Index

Légende:
☾ personnage ou créature illustré pour la première fois
☆ personnage ou créature ayant déjà été représenté

Table des matières

Tome 1

Tome 2

Tome 3

Tome 4

Tome 5

Tome 6